AF380577

मलाई मन पर्छ

ISBN: 9789937884921

Imprint: Independently published

First edition 2024

मलाई मन पर्छ

शाश्वत

चित्र

भावना

मलाई दौडन मन पर्छ

मलाई पौडन मन पर्छ

मलाई चढ्न मन पर्छ

मलाई उड्न मन पर्छ

मलाई चर्न मन पर्छ

मलाई घुर्न मन पर्छ

मलाई काट्न मन पर्छ

मलाई चाट्न मन पर्छ

मलाई नाच्न मन पर्छ

मलाई हाँस्न मन पर्छ

तिमीलाई चाहिँ
के मन पर्छ नि ?

मलाई मन पर्छ

मलाई दौडन मन पर्छ

मलाई पौडन मन पर्छ

मलाई चढ्न मन पर्छ

मलाई उड्न मन पर्छ

मलाई चर्न मन पर्छ

मलाई घुर्न मन पर्छ

मलाई काट्न मन पर्छ

मलाई चाट्न मन पर्छ

मलाई नाच्न मन पर्छ

मलाई हाँस्न मन पर्छ

तिमीलाई चाहिँ
के मन पर्छ नि ?

लेखकका बारेमा

शाश्वत पराजुली बालसाहित्यका सुपरिचित लेखक र सम्पादक हुन् । उनले सयौं बालपुस्तकको सिर्जना र सम्पादन गरेका छन् । शाश्वत प्रारम्भिक तहका विद्यार्थीका लागि पाठ्य र सन्दर्भ सामग्री निर्माणमा पनि संलग्न छन् । उनी शिक्षक र सर्जकका लागि तालिम र कार्यशालाको सहजीकरण समेत गर्छन् । उनले विगतमा बालपत्रिका 'मेला' र कान्तिपुर दैनिकको परिशिष्टाङ्क 'कोपिला'को पनि सम्पादन तथा संयोजन गरेका हुन् । बाल-मनोविज्ञान र बालरुचि बुझेका शाश्वतका सिर्जना निकै लोकप्रिय रहेका छन् । विभिन्न राष्ट्रिय तथा अन्तर्राष्ट्रिय पुरस्कारबाट पुरस्कृत शाश्वत कथावाचन गर्न र साइकलमा घुम्न रुचाउँछन् ।

शाश्वतलाई नेपाली बाल साहित्यको अद्भुत संसारको बारेमा धेरै थाहा छ । बालबालिकाले आनन्द लिएर पढ्न सक्ने हरेक किसिमका पुस्तकहरू शाश्वतले लेखेका छन् । **मलाई मन पर्छ** केही जीवजन्तुको स्वभावलाई चिनाउँदै गरिएको कवितात्मक प्रस्तुति हो । यसमा बालबालिकाले दौडने खरायो, घुर्ने बाघ, उड्ने पुतली र अरू पनि धेरै कुरा भेट्नेछन् । रमाइलोसँग सिकाइ सिप विकास गर्न रङ्गीन चित्रसहितको यो आकर्षक पुस्तकको साथ लिनुहोस् !

शाश्वतका रोमाञ्चक पुस्तकहरूमा डुब्नुहोस् र आफ्नो कल्पनालाई अभै फराकिलो बनाउनुहोस् । शाश्वत र उनका कामको बारेमा अफ धेरै जान्न वेभपृष्ठ shaswat.com.np मा जान सक्नु हुनेछ ।